Caro aluno, seja bem-vindo à sua plataforma do conhecimento!

A partir de agora, você tem à sua disposição uma plataforma que reúne, em um só lugar, recursos educacionais digitais que complementam os livros impressos e são desenvolvidos especialmente para auxiliar você em seus estudos. Veja como é fácil e rápido acessar os recursos deste projeto.

1 Faça a ativação dos códigos dos seus livros.

Se você NÃO tiver cadastro na plataforma:

- Para acessar os recursos digitais, você precisa estar cadastrado na plataforma educamos.sm. Em seu computador, acesse o endereço <br.educamos.sm>.
- No canto superior direito, clique em "Primeiro acesso? Clique aqui". Para iniciar o cadastro, insira o código indicado abaixo.
- Depois de incluir todos os códigos, clique em "Registrar-se" e, em seguida, preencha o formulário para concluir esta etapa.

Se você JÁ fez cadastro na plataforma:

- Em seu computador, acesse a plataforma e faça o login no canto superior direito.
- Em seguida, você visualizará os livros que já estão ativados em seu perfil. Clique no botão "Adicionar livro" e insira o código abaixo.

Este é o seu código de ativação! → **DUNTK-JRNE**

CB037877

Semear Juntos Ensino Religioso 4° Ano - Fundamental 1 - Livro Digital do Aluno. 2ª Edição 2020

2 Acesse os recursos.

Usando um computador

Acesse o endereço <br.educamos.sm> e faça o login no canto superior direito. Nessa página, você visualizará todos os seus livros cadastrados. Para acessar o livro desejado, basta clicar na sua capa.

Usando um dispositivo móvel

Instale o aplicativo **educamos.sm**, que está disponível gratuitamente na loja de aplicativos do dispositivo. Utilize o mesmo login e a mesma senha da plataforma para acessar o aplicativo.

Importante! Não se esqueça de sempre cadastrar seus livros da SM em seu perfil. Assim, você garante a visualização dos seus conteúdos, seja no computador, seja no dispositivo móvel. Em caso de dúvida, entre em contato com nosso canal de atendimento pelo **telefone 0800 72 54876** ou pelo e-mail atendimento@grupo-sm.com.

Semear Juntos

Ensino Religioso

4

Organizadora: SM Educação
Obra coletiva concebida, desenvolvida e produzida por SM Educação.

2ª edição, São Paulo, 2020

Semear Juntos – Ensino Religioso – volume 4
© Ediciones SM
© SM Educação
Todos os direitos reservados

Autoria	Mar Sánchez Sánchez, Hortensia Muñoz Castellanos
Direção editorial	M. Esther Nejm
Gerência editorial	Cláudia Carvalho Neves
Gerência de *design* e produção	André da Silva Monteiro
Edição executiva	Mar Sánchez Sánchez, Hortensia Muñoz Castellanos
	Assessoria pedagógico-pastoral: Humberto Herrera
	Edição: Joana Junqueira Borges
	Suporte editorial: Fernanda de Araújo Fortunato
Coordenação de preparação e revisão	Cláudia Rodrigues do Espírito Santo
	Revisão: Ana Paula Ribeiro Migiyama, Fátima Valentina Cezare Pasculli, Iris Gonçalves
	Preparação: Ana Paula Ribeiro Migiyama, Iris Gonçalves, Vera Lúcia Rocha
	Apoio de equipe: Beatriz Nascimento
Coordenação de *design*	Gilciane Munhoz
	Design: Tangente Design, Thatiana Kalaes
Coordenação de arte	Ulisses Pires
	Edição de arte: Andressa Fiorio, Eduardo Sokei, Vivian Dumelle
	Assistência de arte: Renné Ramos, Vitor Trevelin
Coordenação de iconografia	Josiane Laurentino
	Pesquisa iconográfica: Beatriz Fonseca Micsik, Bianca Fanelli
	Tratamento de imagem: Marcelo Casaro
Capa	Gilciane Munhoz
	Imagem de capa: Rebeca Luciani
Projeto gráfico	Andrea Dellamagna
Ilustrações	Carlitos Pinheiro, Cris Eich, Javier Andrada, Victor Beuren, Victor Goularte
Pré-impressão	Américo Jesus
Fabricação	Alexander Maeda
Impressão	BMF Gráfica e Editora

Dados Internacionais de Catalogação na Publicação (CIP)
(Câmara Brasileira do Livro, SP, Brasil)

Semear juntos, 4 : ensino religioso / organizadora SM
Educação ; obra coletiva concebida, desenvolvida e
produzida por SM Educação. – 2. ed. –
São Paulo : Edições SM, 2020.

ISBN: 978-65-5744-019-3 (aluno)
ISBN: 978-65-5744-020-9 (professor)

1. Ensino religioso (Ensino fundamental)

20-36831   CDD-377.1

Índices para catálogo sistemático:
1. Educação religiosa nas escolas 377.1
2. Religião: Ensino fundamental 377.1

Cibele Maria Dias – Bibliotecária – CRB-8/9427

2ª edição, 2020
3ª impressão, maio 2022

SM Educação
Rua Tenente Lycurgo Lopes da Cruz, 55
Água Branca 05036-120 São Paulo SP Brasil
Tel. 11 2111-7400
atendimento@grupo-sm.com
www.grupo-sm.com/br

APRESENTAÇÃO

Querido aluno, querida aluna,

Você sabia que muitas crianças de todo o Brasil já utilizaram este livro nas aulas de Ensino Religioso?

Essas crianças gostaram muito das atividades e dos jogos e descobriram como as aulas de Ensino Religioso são importantes e divertidas.

O Ensino Religioso é como uma grande janela que podemos abrir não apenas para conhecer o mundo, mas também para perceber que somos parte dele.

Esperamos que você conheça a bondade de Deus, que ilumina nosso dia a dia e inspira as pessoas a se relacionar melhor umas com as outras.

Desejamos que este livro possa semear em você atitudes de respeito e de solidariedade para viver bem e feliz com todos.

Neste ano, você compreenderá a importância de fazer boas escolhas, dando um testemunho comprometido com o exemplo de Jesus e agindo para o bem da vida e da sociedade.

Uma ótima experiência para você!

Equipe editorial

SUMÁRIO

Rebeca Luciane/ID/BR

Ilustrações: Victor Goularte/ID/BR

CONHEÇA SEU LIVRO

Abertura

Nesta seção, você vai encontrar situações do seu dia a dia sobre as quais vai precisar pensar e dar sua opinião.

Boxe Para refletir e conversar

Quando estiver aprendendo algo, é importante pensar sobre o novo conhecimento e compartilhá-lo com alguém. Você vai responder perguntas sobre o tema e conversar com os colegas.

PARA REFLETIR E CONVERSAR

- O que Deus pediu a Abraão?
- O que Deus prometeu a ele?
- Abraão teve alguma dúvida de que Deus cumpriria o que prometeu?
- Por que Abraão é considerado o pai de todos aqueles que acreditam e confiam em Deus?

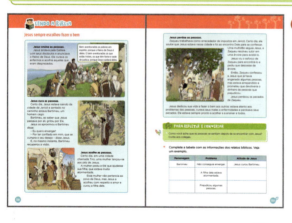

Lendo a Bíblia

Histórias ilustradas da Bíblia para você conhecer e aprender com os ensinamentos de Deus.

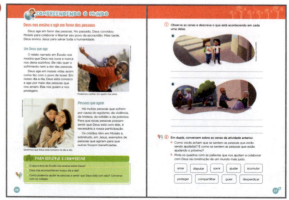

Compreendendo o mundo

Como os cristãos vivem e compreendem o mundo? É o que você vai ver nesta seção. As fotografias retratam o mundo que existe à nossa volta e a importância de Deus em tudo o que existe.

Aprendendo uns com os outros

Nem todas as pessoas têm a mesma religião. Mas você já pensou que todas elas têm algo a ensinar? Aqui você vai conhecer o jeito de cada religião tratar diferentes temas.

Oficina do brincar

Está na hora de colocar em prática o que você aprendeu na unidade, realizando atividades divertidas.

Aprendendo mais

Você vai aprender um pouco sobre a vida e os costumes de diferentes culturas e conhecerá a opinião de pessoas que têm algo a nos ensinar.

Vivendo o que aprendemos

Como relembrar o que você aprendeu na unidade? Com atividades animadas, para fazer na classe ou em casa, com a família!

Conhecendo um povo do nosso país

Você vai conhecer a cultura, os costumes e as crenças religiosas de um povo do nosso país, relacionando-os a seus aprendizados.

Conheça mais

Com as sugestões de livros, filmes, músicas e *sites* desta seção, você vai conhecer ainda mais valores éticos e religiosos.

Ícones

Estes ícones indicam se você deve fazer a atividade com um colega, com mais de um colega ou em casa, com sua família.

 Atividade em dupla

 Atividade em grupo

🏠 Atividade com a família

Jogando

O jogo desta seção levará você a praticar os ensinamentos desta coleção de forma alegre e fraterna.

1 A missão de viver

Compartilhamos a vida com outras pessoas. Em nosso dia a dia, é importante estar atento às nossas escolhas e às nossas decisões, pois elas afetam a nossa vida e a vida de outras pessoas.

PARA REFLETIR E CONVERSAR

- Que lugar é representado na cena ao lado?
- O que as crianças estão fazendo?
- Todas as tarefas representadas na cena são importantes? O que aconteceria se elas não fossem feitas?

- Nas imagens abaixo, o que as crianças estão fazendo? Você costuma realizar essas tarefas em seu dia a dia? Converse com os colegas.

A história de Adão e Eva

Deus criou o homem e o chamou de Adão. Depois, criou a mulher e a chamou de Eva. O homem e a mulher viviam no Éden, um lindo jardim onde havia tudo do que precisavam para viver.

Adão e Eva conversavam com Deus e o amavam.

Deus permitiu que Adão e Eva aproveitassem o jardim e comessem os frutos de todas as árvores, exceto os de uma, chamada de "a árvore do bem e do mal".

> Adão e Eva obedeciam a Deus, mas a árvore proibida chamava a atenção deles.

> Se comermos esta fruta, seremos tão sábios quanto Deus.

> Vamos experimentá-la.

Um dia, Adão e Eva, incentivados por uma serpente, desobedeceram a Deus e comeram o fruto daquela árvore.

Javier Andrada/ID/BR

Adão e Eva não cumpriram a ordem de Deus. Assim, eles quebraram a amizade que tinham com Deus e tiveram de sair do Éden e aprender a trabalhar para viver.

Segundo a Bíblia, Deus criou Adão e Eva. Eles viviam uma vida pacífica, mas não cumpriram o que Deus ordenou a eles e, por isso, afastaram-se Dele.

No entanto, Deus nunca abandona as pessoas, porque as ama.

PARA REFLETIR E CONVERSAR

- Onde viviam Adão e Eva?
- Como era a relação de Adão e Eva com Deus? Houve alguma mudança nessa relação?

1 Complete o trecho abaixo com as palavras do quadro:

fruto	livres	Adão	jardim	Eva	amavam	felizes

Deus criou _____ e _____. Eles _____

a Deus e viviam _____ em um lindo _____.

Eles eram _____ para fazer o que queriam, só não

podiam comer o _____ da árvore do bem e do mal.

2 Adão e Eva desobedeceram a ordem de Deus. Qual foi a consequência? Responda no caderno.

3 Em sua opinião, o que teria acontecido se Adão e Eva tivessem obedecido a ordem que Deus lhes havia dado? Converse com os colegas.

A relação entre Deus e as pessoas

A história de Adão e Eva representa a relação entre Deus e as pessoas: uma ligação de amor e de confiança.

Adão e Eva decidiram fazer algo que os afastou de Deus, mas Deus nunca os abandonou.

Deus não abandona ninguém. Pelo contrário, Ele nos enviou Jesus para espalhar a mensagem de seu amor e recuperar a relação de amizade entre Deus e toda a humanidade.

Deus nunca nos abandona

Deus preparou um lugar maravilhoso para vivermos. Depois, Ele nos deu a vida e nos fez parecidos com Ele.

Deus fez tudo isso por amor. Ele quer que vivamos felizes com Ele, com nossa família e com nossos amigos.

Viver como filhos de Deus

Deus colocou em nossas mãos a missão de viver.

Para os cristãos, Jesus é o exemplo que nos ajuda a cumprir nossa missão. Vivemos como filhos de Deus quando seguimos o exemplo de Jesus.

Josep Curto/Shutterstock.com/ID/BR; m-imagephotography/iStock/Getty Images; Xsandra/iStock/Getty Images; alvarez/iStock/Getty Images; mimagephotography/Shutterstock.com/ID/BR; Poike/iStock/Getty Images; hadynyah/iStock/Getty Images; Fabio Colombini/Acervo do fotógrafo; m-imagephotography/iStock/Getty Images; Jeka/Shutterstock.com/ID/BR; drbimages/iStock/Getty Images; Gelpi/Shutterstock.com/ID/BR; Odua Images/Shutterstock.com/ID/BR; Suriyapong Thongsawang/iStock/Getty Images

PARA REFLETIR E CONVERSAR

- O que Deus fez para recuperar a relação de amizade entre Ele e toda a humanidade?

- O que significa viver como filhos de Deus?

- Em que consiste a missão de viver? Converse com os colegas.

1 Observe o que João está pensando.

Preciso ajudar minha irmã na lição de casa.

Mas meus amigos me chamaram para jogar futebol.

Vou ajudá-la rapidamente, porque quero muito jogar com meus amigos.

SensorSpot/iStock/Getty Images

- O que você faria se fosse o João? Por quê? Converse com os colegas.

2 Pense nas pessoas que ajudam você em seu dia a dia.

a. Escreva o nome das pessoas em que você pensou.

_____

_____

_____

_____

b. Em que essas pessoas ajudam você no dia a dia?

_____

_____

_____

_____

c. Em uma folha à parte, faça um cartão de agradecimento a cada uma delas e entregue os cartões a essas pessoas.

A criação em diferentes culturas

Muitas religiões e culturas têm suas próprias histórias sobre a criação dos seres humanos.

Mulheres indígenas da aldeia Moikarakô, em São Félix do Xingu, Pará.

Indígenas que vivem às margens do rio Xingu, na bacia Amazônica, acreditam que a origem dos seres humanos foi obra de um criador que deu vida a troncos de madeira. As primeiras mulheres teriam surgido desses troncos e, a partir delas, toda a humanidade.

Os povos de origem maia, que vivem na América Central, acreditam que a humanidade foi criada por dois deuses, Tepeu e Gucumatz, que criaram o ser humano a partir do milho branco e do milho amarelo. Por essa razão, o milho é um alimento sagrado para os povos de origem maia.

Homens de origem maia em Tulum, no México.

Cristãos e judeus acreditam que Deus formou o homem com o pó do solo.

Cristãos e judeus acreditam que Deus formou o homem com o pó do solo e soprou em suas narinas o sopro da vida. Então, de uma costela do homem, Deus criou a mulher.

● Sublinhe no texto os elementos utilizados na criação do ser humano, de acordo com cada uma das tradições.

O RELÓGIO DO BEM

Ilustrações: Carlitos Pinheiro/ID/BR

Você já imaginou como seria a vida sem o relógio?

Esse instrumento nos ajuda a medir o tempo e a programar nossas atividades pessoais em casa, com a família, na escola e na comunidade.

Que tal elaborar um relógio que mostre as nossas atividades religiosas semanais?

1. No caderno, faça uma lista das atividades religiosas que você e sua família realizam em cada dia da semana. Crie um símbolo que represente cada uma dessas atividades.

2. No relógio semanal, desenhe o símbolo das atividades que são realizadas em cada dia. Se a atividade se repetir em mais de um dia, faça o mesmo símbolo, quantas vezes forem necessárias.

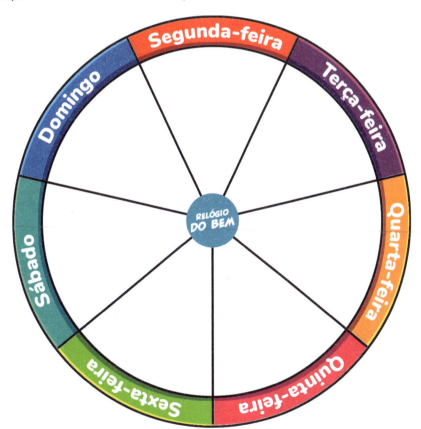

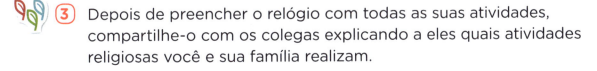

3. Depois de preencher o relógio com todas as suas atividades, compartilhe-o com os colegas explicando a eles quais atividades religiosas você e sua família realizam.

A missão de viver bem

Os povos nativos da América Latina são praticantes da filosofia do Bem Viver, que se baseia na convivência harmoniosa entre as pessoas e no respeito à natureza e aos seus recursos.

Essa forma de compreender a vida é também um convite para que as pessoas reflitam sobre os seus hábitos de consumo e a sua relação com a natureza.

Sumak Kawsay é a expressão para falar do Bem Viver, utilizada pelos povos **Quíchua**, que vivem em regiões da Argentina, Bolívia, Chile e Peru. Para eles, são importantes a preservação da natureza e a solidariedade entre as pessoas. Na Bolívia, os princípios do Bem Viver estão na Constituição do país.

Mulheres da etnia Quíchua no Vale Sagrado dos Incas, em Cuzco, no Peru.

Os **Tzeltal** são um povo de origem maia. Eles vivem no estado de Chiapas, no México. Para o povo Tzeltal, a expressão que define o Bem Viver é **Lekil Kuxlejal**. Para eles, o Bem Viver é valorizar as pessoas, praticar o silêncio e cuidar da natureza, ou seja, deve haver um equilíbrio entre o meio ambiente e todos os seres vivos.

Menina da etnia Tzeltal em Chiapas, no México.

Os indígenas **Guarani** são a etnia mais numerosa do Brasil. Eles também estão presentes na Bolívia, na Argentina e no Paraguai. Para eles, a expressão que define o Bem Viver é *Teko Kavi*. Os Guarani consideram importante que o lugar onde vivem seja pacífico e de coexistência respeitosa com todos os seres vivos. Eles vivem apenas com o que é suficiente, sem acumular bens de que não necessitam.

Jovens guaranis na Casa de Reza da aldeia Kalipety, no bairro de Parelheiros, em São Paulo.

Mulheres da etnia Aimará na cordilheira Real, na Bolívia.

Os povos **Aimará** utilizam a expressão *Suma Qamaña* para se referir ao Bem Viver. Eles vivem na Bolívia e no Peru e respeitam a natureza acima de tudo, convivendo fraternalmente com todos os seres vivos. Eles acreditam que, na vivência em comunidade, todas as pessoas devem preservar o meio ambiente e cuidar de seus semelhantes.

① Sublinhe no texto o que os povos citados têm em comum quanto aos princípios do Bem Viver.

② Como seria possível colocar em prática os princípios do Bem Viver em sua família? E na escola?

_____

_____

_____

Viver em harmonia com as pessoas e com a natureza é um compromisso com Deus

Você conhece a palavra **agroecologia**?

A agroecologia é um conhecimento que reúne os saberes dos povos originários e dos agricultores familiares de um determinado lugar sobre a agricultura ecológica. Toda a produção de alimento é realizada com base no respeito à natureza.

1. Observe algumas características da produção agroecológica de alimentos. Depois, converse com os colegas.

Valoriza a cultura das pessoas e da região.

Usa fertilizantes naturais.

Cultiva diversas espécies vegetais.

Chico Ferreira/Pulsar Imagens

2. As feiras de produtos agroecológicos são uma iniciativa que contribui com a sustentabilidade e com a saúde das pessoas. A produção diversa de legumes, verduras e frutas é feita com fertilizantes naturais, respeitando a natureza e valorizando a cultura e as pessoas da região.

   a. Em casa, com sua família, pesquise verduras, frutas ou legumes nativos da região onde você mora.

   b. Com base na pesquisa, quais produtos você e sua família podem encontrar em feiras agroecológicas da região? Anote o nome de cada produto no caderno.

3. Agora, pesquise com sua família sobre as crianças e os adolescentes que são Guardiões Mirins de Sementes Nativas ou Crioulas. Escreva no caderno o que mais gostou de saber sobre eles.

4. Em classe, compartilhe com os colegas o que você aprendeu nas atividades 2 e 3.

Respeitar a natureza é um princípio do Bem Viver

5 Pessoas do mundo inteiro expressam o respeito à natureza, à Mãe Terra, por meio da arte. Observe um exemplo:

Rio Paraíba, litografia de Johann Moritz Rugendas, c. 1835.

- Se você tivesse de expressar respeito e admiração à Mãe Terra, com uma pintura ou um desenho, como seria sua produção artística? Utilize papel sulfite ou cartolina e, depois, exponha o seu trabalho no mural da classe.

6 Escreva a primeira letra da palavra de cada imagem para descobrir como muitos povos indígenas da América Latina chamam a Mãe Terra.

2 Escolhemos confiar

Em nosso dia a dia, convivemos com muitas pessoas e precisamos confiar nelas. Elas também precisam confiar em nós.

PARA REFLETIR E CONVERSAR

- Observe a cena ao lado. Onde as crianças estão? O que elas estão fazendo?

- Você acha que elas estão se sentindo seguras? Por quê?

- Que tipos de equipamento as crianças estão usando para se protegerem?

- Agora, observe as fotografias desta página. Converse com os colegas.

a. Quem está acompanhando as crianças?

b. Você imagina que as crianças estão tranquilas e felizes? Por quê?

Abraão confiou em Deus

Abraão era um pastor de ovelhas. Certo dia, ele estava no campo e ouviu a voz de Deus dizendo:

– Deixe sua terra e vá para a terra que Eu mostrar a você. Lá farei de você pai de uma grande nação.

Abraão pensou que isso seria impossível, porque ele e sua esposa não tinham filhos. Mesmo assim, Abraão confiou em Deus, deixou sua terra e foi para onde Deus mandou, um lugar chamado Canaã.

Javier Andrada/ID/BR

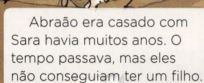

Abraão era casado com Sara havia muitos anos. O tempo passava, mas eles não conseguiam ter um filho.

Em outro dia, Abraão ouviu novamente a voz de Deus:

– Olhe para o céu e conte as estrelas. Assim será a sua descendência.

Abraão continuou a confiar em Deus e acreditava na promessa Dele. Então, certo dia, apesar de ter uma idade avançada, Sara descobriu que estava grávida.

Sara deu à luz. Abraão e Sara chamaram o bebê de Isaque.

Ele cresceu e se casou, e também teve filhos. Os filhos dos filhos de Isaque também tiveram filhos e assim foi de geração a geração. Então, foi cumprida a promessa de Deus a Abraão, e ele se tornou pai de um povo numeroso.

A história de Abraão é narrada na Bíblia, no livro de Gênesis. Abraão é um exemplo de confiança em Deus e, por isso, ele é considerado o pai de todos aqueles que acreditam e confiam em Deus.

PARA REFLETIR E CONVERSAR

- O que Deus pediu a Abraão?
- O que Deus prometeu a ele?
- Abraão teve alguma dúvida de que Deus cumpriria o que prometeu?
- Por que Abraão é considerado o pai de todos aqueles que acreditam e confiam em Deus?

(1) Você acha que as pessoas podem confiar em você? Por quê? Converse com os colegas.

(2) Complete as frases com o verbo confiar.

a. Se _____ em mim, tenho coragem de tentar coisas novas.

b. Deus _____ em nós. E nós _____ na proteção de Deus.

c. Os cristãos querem agir como Abraão, que _____ em Deus.

A confiança é um sentimento fundamental

Por meio da confiança fazemos amigos e convivemos em paz com as pessoas. A confiança nos permite construir um mundo feliz e seguro ao nosso redor.

Tomsickova Tatyana/Shutterstock.com/ID/BR

Confiar em Deus

A história de Abraão nos ensina que podemos confiar em Deus porque Ele cumpre suas promessas. Com Abraão, começa a história de amizade entre Deus e a humanidade.

O que Deus fez e continua fazendo pela humanidade é prova de seu amor por nós.

Nossa vida é repleta de momentos nos quais Deus nos defende e nos protege. Deus nos ama e sempre está ao nosso lado.

Confiar uns nos outros

Deus também confia nas pessoas, o que é motivo de alegria, mas também de responsabilidade para nós. A confiança de Deus nos faz crescer como pessoas e nos encoraja a agir como amigos.

Os amigos confiam uns nos outros. Você não pode ser amigo de alguém em quem não confia.

A vida em sociedade seria impossível se não confiássemos uns nos outros.

Monkey Business Images/Shutterstock.com/ID/BR

PARA REFLETIR E CONVERSAR

- Em dupla, respondam: Por que podemos confiar em Deus?
- Por que a confiança é necessária para que as pessoas possam viver juntas?

1 Observe as imagens e responda às perguntas.

a. O que as imagens desta página têm em comum?

_____

b. Escreva ao lado do número correspondente às imagens quais ações de confiança estão sendo representadas e quem está participando dessas ações.

1 _____

2 _____

3 _____

4 _____

2 Em uma folha à parte, pense nas pessoas em que você confia e escreva um pequeno texto citando os motivos que justificam sua confiança. Use alguns dos seguintes verbos: **cuidar**, **ajudar**, **amar**, **ouvir**.

A figura de Abraão

Abraão é uma personagem muito importante para cristãos, judeus e muçulmanos. Essas três religiões consideram Abraão um exemplo de fé e confiança em Deus.

Para os **judeus**, Abraão é considerado o primeiro judeu, o primeiro patriarca do povo de Israel. Deus prometeu três coisas a ele: uma terra, descendentes em número tão grande "como as estrelas do céu" e uma amizade pessoal com ele. Abraão teve um filho, Isaque, do qual descendem todos os judeus.

Os **muçulmanos** chamam Abraão de Ibrahim e o consideram um modelo de dedicação a Alá e de confiança nele. De acordo com os muçulmanos, Alá prometeu a Ibrahim numerosos descendentes e deu a ele um filho chamado Ismael, do qual descendem todos os árabes.

Os **cristãos** consideram Abraão um modelo de fé e confiança em Deus. Abraão não duvidou da promessa de Deus e por isso é também conhecido como "amigo de Deus" e "pai da fé". Por meio de seu filho Isaque, Deus cumpriu o que prometeu a Abraão: ele teve uma numerosa descendência. Jesus é descendente de Abraão.

Colin Underhill/Alamy/Fotoarena

Abraão representado em vitral da igreja da Santa Fé, em Worcestershire, Inglaterra.

1. Sublinhe no texto o que Abraão representa para o judaísmo, o islamismo e o cristianismo.

2. Em dupla, conversem e expliquem com suas palavras por que Abraão é tão importante para as três religiões.

A trilha da confiança

A história de Abraão nos mostra a importância de confiar em Deus. E Deus nos ensina a também confiar nas pessoas.

Seguindo as orientações abaixo, você e os colegas vão realizar uma experiência de confiança.

Para isso, o(a) professor(a) vai providenciar um retalho de tecido com o qual seja possível vendar os olhos.

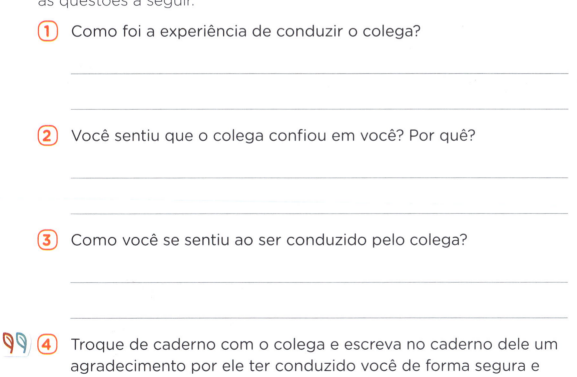

Carlitos Pinheiro/ID/BR

Passo 1: Forme dupla com um colega.

Passo 2: Coloque a venda no colega e o conduza em segurança até outro ponto da classe, indicado pelo(a) professor(a).

Passo 3: Agora, deixe que o colega coloque a venda em você e lhe conduza até outro ponto da classe.

Depois que você e sua dupla tiverem feito a experiência, responda às questões a seguir.

(1) Como foi a experiência de conduzir o colega?

_____

_____

(2) Você sentiu que o colega confiou em você? Por quê?

_____

_____

(3) Como você se sentiu ao ser conduzido pelo colega?

_____

_____

(4) Troque de caderno com o colega e escreva no caderno dele um agradecimento por ele ter conduzido você de forma segura e cuidadosa. Ele deve fazer a mesma coisa no seu caderno.

(5) Em casa, conte aos seus familiares sobre a experiência que vivenciou e mostre a eles o agradecimento que o colega escreveu para você.

Sabemos confiar

Ter fé em Deus e confiar nas pessoas que nos amam traz tranquilidade e segurança ao nosso cotidiano. Também é importante confiar em nós mesmos para viver com alegria.

A cada novo dia, podemos confiar em Deus e nos sentir seguros.

O Sol nasce todos os dias

Você já havia parado para pensar que todos os dias o Sol nasce e aquece a Terra?

A cada novo dia, sabemos que o Sol vai nascer e se pôr, tornando possível a vida na Terra. Essa segurança nos faz acordar tranquilos, cheios de otimismo e dispostos a iniciar um novo dia.

Ultima_Gaina/iStock/Getty Images

O Sol nasce e se põe todos os dias.

Estamos vivos

Nosso coração bate dia e noite. O ar entra em nossos pulmões ao respirarmos. Nosso estômago digere o alimento que comemos. Todas essas tarefas, e muitas outras, são realizadas por nosso corpo sem que percebamos.

E, então, pela dádiva da vida, as pessoas podem estudar, brincar, trabalhar e aproveitar a natureza e o convívio com a família e os amigos.

Robert Kneschke/Shutterstock.com/ID/BR

Porque estamos vivos, podemos brincar e aproveitar a natureza.

O lugar onde vivemos

Conhecer a rotina nos traz segurança no dia a dia.

Todos os dias, você faz muitas coisas de modo quase automático: toma o café da manhã, veste-se para sair de casa, reconhece as ruas do trajeto de casa até a escola, reconhece e cumprimenta as pessoas que vê, volta para casa após a escola, estuda, brinca, etc.

O mundo à nossa volta é parte de nosso cotidiano, e conhecer o que nos cerca e saber como agir em várias situações do dia a dia contribui para que sejamos pessoas seguras e confiantes.

As pessoas que nos querem bem

Com a família e os amigos, aprendemos o que é confiança e nos sentimos mais seguros. Em família, descobrimos que somos amados, e isso certamente nos faz crescer de modo feliz e seguro.

Ter amigos faz bem. É bom perceber que eles confiam em nós e poder confiar neles também. A amizade nos traz bem-estar e felicidade.

Confiar na família e nos amigos nos traz bem-estar.

1. Sublinhe no texto as ideias que você considera mais interessantes.

2. Em uma folha à parte, escreva um pequeno texto sobre a importância da confiança.

Podemos confiar em Deus

As pessoas religiosas expressam confiança em Deus por meio de símbolos, gestos e palavras.

Você sabia que algumas pessoas católicas usam um objeto chamado **escapulário** como símbolo de proteção? Ele é usado como um colar e é feito tradicionalmente de pano, mas também pode ser confeccionado em outros materiais, como metal, madeira e acrílico.

O uso do escapulário, para os católicos, simboliza um ato de devoção a Jesus, à Virgem Maria ou a um santo.

Escapulário em devoção ao Sagrado Coração de Jesus e à Nossa Senhora do Carmo.

1 Crie seu próprio escapulário.

- Desenhe nos espaços abaixo duas pessoas na companhia das quais você se sente protegido.

 2 Conte aos colegas quem são as pessoas que você desenhou e por que você se sente protegido na presença delas.

Podemos confiar nas pessoas que nos amam

As pessoas religiosas costumam orar e pedir a bênção de Deus para si mesmas e para seus familiares, para suas casas, seus locais de trabalho, animais e pertences. Também pedem a bênção de Deus em viagens, antes das refeições e antes de dormir.

Família agradecendo a Deus pela refeição.

 ③ Em sua casa, você e seus familiares oram juntos pedindo alguma bênção? Conte aos colegas.

Menina pedindo a bênção à avó.

Antigamente, era muito comum, nas famílias brasileiras, que os jovens pedissem a bênção aos mais velhos, principalmente ao chegar em casa ou ao sair, ou antes de dormir. Algumas famílias ainda mantêm essa tradição nos dias de hoje.

 ④ Na sua família, os mais jovens pedem a bênção aos mais velhos? Caso você não conheça esse costume, pergunte sobre ele aos seus familiares.

a. Registre abaixo o que você descobriu na conversa com seus familiares.

_____

_____

_____

_____

 b. Em classe, compartilhe com os colegas o que você conversou em casa e ouça o relato deles também.

Victor Goularte/ID/BR

3 Escolhemos como agir

Há muitas pessoas ao nosso redor dispostas a ajudar os outros. Elas escolhem agir em benefício de todos.

PARA REFLETIR E CONVERSAR

- Onde as crianças da cena ao lado estão?
- O que as crianças que estão em pé estão fazendo?
- Em sua opinião, o que as crianças na mesa com a urna decidiram fazer? Você acredita que isso é importante para todos ou só para alguns? Por quê?

1 Em dupla, observem as imagens abaixo e conversem sobre o que está acontecendo em cada uma delas.

DGLimages/Shutterstock.com/ID/BR

Africa Studio/Shutterstock.com/ID/BR

- Em sua opinião, as pessoas estão agindo em benefício próprio ou em benefício de outras pessoas?

2 Você já se ofereceu para ajudar alguém? Conte aos colegas.

33

Moisés colaborou com Deus

Os israelitas, o povo de Deus, foram para o Egito após um período de seca em sua terra. Com o passar dos anos, esse povo se tornou cada vez mais numeroso e o faraó começou a temê-lo. Então, o faraó ordenou que o povo de Deus trabalhasse muito e fizesse os trabalhos mais pesados.

Moisés era um jovem do povo de Deus e vivia no deserto cuidando de suas ovelhas. Um dia, Moisés sentiu a presença de Deus e ouviu sua voz.

Moisés, Eu vi o sofrimento do meu povo no Egito, ouvi seus lamentos e vou libertá-lo. Então, Eu envio você ao faraó para que tire meu povo do Egito.

Moisés fez o que Deus lhe pediu. Foi para o Egito e lutou para que o faraó deixasse o povo de Deus sair de lá.

Então, o povo de Deus foi libertado e seguiu pelo deserto rumo à terra prometida. Deus estava com eles e os alimentava e protegia.

Javier Andrada/ID/BR

Certo dia, durante a caminhada pelo deserto, o povo de Deus, guiado por Moisés, chegou ao monte Sinai. Lá, Deus fez um pacto com eles. Ele disse:

Vocês serão o meu povo e Eu serei o Deus de vocês.

Então, Deus entregou a Moisés as Tábuas da Lei com os Dez Mandamentos. O povo de Deus se comprometeu a segui-los.

Javier Andrada/ID/BR

Ao longo da história do povo de Deus, houve muitos momentos difíceis, como o período de escravidão no Egito. Entretanto, a Bíblia narra, no livro do Êxodo, como Deus salvou seu povo da escravidão e o protegeu sempre.

PARA REFLETIR E CONVERSAR

- Por que o faraó passou a temer o povo de Deus?
- Que tipo de trabalho o faraó obrigou o povo de Deus a fazer?
- O que Deus fez para salvar seu povo?
- Como Deus ajudou o seu povo no deserto?

- Numere as frases na ordem em que os eventos aconteceram.

☐ Deus fez um pacto com o seu povo.

☐ O povo se comprometeu a seguir os mandamentos de Deus.

☐ O povo de Deus foi para o Egito.

☐ Deus libertou o seu povo da escravidão no Egito.

☐ O povo de Deus foi obrigado pelo faraó a fazer os trabalhos mais pesados.

Deus nos ensina a agir em favor das pessoas

Deus age em favor das pessoas. No passado, Deus convidou Moisés para colaborar e libertar seu povo da escravidão. Mais tarde, Deus enviou Jesus para salvar toda a humanidade.

Um Deus que age

O relato narrado em Êxodo nos mostra que Deus nos ouve e nunca nos deixa sozinhos. Ele não quer o sofrimento nem a dor das pessoas.

Deus age em nossas vidas assim como fez com o povo de Israel. Em nosso dia a dia, Deus está conosco e age por meio das pessoas que nos amam. Elas nos guiam e nos protegem.

Podemos confiar em quem nos ama.

Sentimos que Deus está conosco no dia a dia.

Pessoas que agem

Há muitas pessoas que sofrem por causa do egoísmo, da violência, da tristeza, da solidão e da pobreza. Para que essas pessoas possam sentir que Deus está com elas, é necessária a nossa participação.

Os cristãos têm em Moisés e, sobretudo, em Jesus, exemplos de pessoas que agiram para que outras fossem beneficiadas.

PARA REFLETIR E CONVERSAR

- O que o livro do Êxodo nos ensina sobre Deus?
- Deus nos acompanha em nosso dia a dia?
- Como podemos ajudar as pessoas a sentir que Deus está com elas? Converse com os colegas.

1 Observe as cenas e descreva o que está acontecendo em cada uma delas.

Ⓐ

_____

_____

Ⓑ

_____

_____

_____

 2 Em dupla, conversem sobre as cenas da atividade anterior.

a. Como vocês acham que se sentem as pessoas que estão sendo ajudadas? E como se sentem as pessoas que estão ajudando o próximo?

b. Pinte os quadros com as palavras que nos ajudam a colaborar com Deus na construção de um mundo mais justo.

amar	disputar	sorrir	ajudar	acumular

proteger	compartilhar	guiar	desperdiçar

A figura de Moisés

Moisés é uma das personagens mais famosas da Bíblia. Ele foi importante para libertar o povo de Deus da escravidão. A sua importância na história é reconhecida por judeus, muçulmanos e cristãos.

Os **judeus** o chamam de Moshé e o consideram, com Abraão, fundador do judaísmo. Moshé recebeu de Deus os Dez Mandamentos e ensinou o povo judeu a cumprir todos os preceitos da lei durante sua estadia no deserto.

Os **muçulmanos** o chamam de Musa e o consideram um profeta, um mensageiro. A vida de Musa é narrada no livro sagrado dos muçulmanos, o Alcorão.

Vitral representando Moisés e as Tábuas da Lei com os Dez Mandamentos na Igreja Unida de Cristo, em Pittsburgh, Pensilvânia, nos Estados Unidos.

Para os **cristãos**, Moisés libertou os judeus da escravidão imposta pelo faraó do Egito e recebeu de Deus as Tábuas da Lei com os Dez Mandamentos. É uma das personagens mais importantes do Antigo Testamento, citada também no Novo Testamento.

1. Depois de ler o texto sobre Moisés nas diferentes tradições religiosas, sublinhe o nome que ele recebe em cada uma delas.

2. Releia o relato bíblico das páginas 34 e 35 e identifique a cena que se relaciona com a imagem desta página.

Quadrinhos do bem

1 A história em quadrinhos abaixo está incompleta.

a. Continue a história como quiser, ilustrando os demais quadrinhos. O tema da história deve ser "fazendo o bem".

b. Dê um título para a história.

c. Em dupla, troquem de livro e leiam a história um do outro.

FIM

2 Em casa, compartilhe com sua família a história que você criou. Em uma folha à parte, crie, com a ajuda de seus familiares, outra história em quadrinhos com o mesmo tema: "fazendo o bem".

Transformar o mundo

Wangari Maathai recebeu o Prêmio Nobel da Paz em 2004, por sua luta para a conservação das florestas.

Muitas pessoas agem para transformar o mundo em um lugar melhor.

Wangari Maathai foi uma professora e bióloga queniana.

Nos anos 1970, ela criou o **Movimento Cinturão Verde**, para proteger as florestas africanas do desmatamento e gerar empregos para as mulheres do Quênia. Dessa forma, essas mulheres trabalhavam no plantio de sementes, mas também recebiam capacitação para cuidar da natureza e preservar os recursos ambientais. Graças a essa iniciativa, milhares de mulheres conseguiram emprego e mais de 50 milhões de árvores foram plantadas no Quênia.

Chico Mendes foi um seringueiro brasileiro que nasceu em Xapuri, no Acre.

Chico Mendes percebeu que a expansão de áreas para a criação de gado e a construção de estradas, além das atividades ligadas à extração de minérios e de madeira, prejudicavam os povos indígenas, os seringueiros e a natureza.

Chico Mendes, em foto de 1988.

Então, decidiu defender, de forma pacífica, a floresta e seus habitantes. Lutou contra a destruição da floresta e sua biodiversidade e a retirada das comunidades que nela viviam. Em virtude dessa luta, foi assassinado em 1988. Em 2013, o Congresso Nacional brasileiro o declarou patrono nacional do meio ambiente.

Ana Maria Primavesi foi uma agrônoma e professora austríaca que veio para o Brasil em 1948.

Em 1980, ela lançou um livro chamado *Manejo ecológico do solo,* e suas ideias revolucionaram a forma com que muitos cientistas e agricultores viam o solo. Com base no estudo de Ana Maria, teve início, no Brasil, a disseminação da agricultura orgânica.

Ela defendeu a vida toda que a terra deve ser tratada carinhosamente e com muito amor. Seu exemplo se multiplicou e é hoje uma das maiores referências para a agroecologia no Brasil.

Ana Maria Primavesi, em foto de 2012.

Miguel Nicolelis e o exoesqueleto desenvolvido por ele e sua equipe.

Miguel Nicolelis é um médico brasileiro reconhecido internacionalmente por suas pesquisas na área de neurologia. O doutor Miguel é responsável, atualmente, pelo projeto *Andar de Novo*, que tem como objetivo devolver os movimentos a pessoas com algum tipo de paralisia, por meio da construção de um exoesqueleto que promove o movimento e é controlado pela mente do paciente. Graças às pesquisas do doutor Miguel e de sua equipe, milhões de pessoas com paralisia podem ter esperança de se movimentar novamente no futuro.

1. Sublinhe o que mais chamou sua atenção no texto desta seção.

2. Como as pessoas retratadas resolveram agir para ajudar outras pessoas? Converse com os colegas.

3. Escolha uma das pessoas retratadas nesta seção e pesquise sobre ela. No caderno, amplie a biografia dela com outras informações.

VIVENDO O QUE APRENDEMOS

O compromisso com Deus e com as pessoas

1 Escreva um compromisso que você deseja assumir com sua **família** e com a **natureza**. Aponte como pretende realizar esse compromisso.

Eu me comprometo com...

... a minha família a...

Para isso...

Eu me comprometo com...

... a natureza a...

Para isso...

2 Em casa, mostre a seus familiares os compromissos que você deseja firmar com a família e com a natureza. Depois, converse com eles e escreva...

a. ... mais um compromisso em relação à família:

b. ... mais um compromisso em relação à natureza:

Viver a fé por meio de ações

(3) Agora, escreva um compromisso que você deseja assumir com os colegas de turma.

Eu me comprometo com...

... os colegas de turma a...

Para isso...

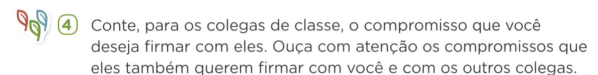

(4) Conte, para os colegas de classe, o compromisso que você deseja firmar com eles. Ouça com atenção os compromissos que eles também querem firmar com você e com os outros colegas.

- Escolham juntos os dez compromissos de que mais gostaram e criem um cartaz para expor na sala.

1. Respeitar todas as pessoas da escola.

2. Ajudar uns aos outros.

4 Denunciamos as injustiças

Muitas pessoas são exemplos de como podemos contribuir para que o mundo seja um lugar melhor. Às vezes, ainda que saibamos o que temos de fazer, parece que esquecemos – mas por sorte sempre há alguém que nos ajuda a lembrar como agir da melhor maneira.

PARA REFLETIR E CONVERSAR

- Observe a cena ao lado. O que está acontecendo?
- Como os alunos estão se comportando?
- Você acha importante o que a menina está dizendo? Por quê?

1 Agora, observe as imagens abaixo.

Monkey Business Images/Shutterstock.com/ID/BR

Renato Soares/Pulsar Imagens

Victor Goularte/ID/BR

- Todas as crianças estão agindo da mesma forma? Por quê?

O profeta Isaías

Mesmo conhecendo tantos milagres, por muitas vezes o povo de Deus se esqueceu de seguir os seus mandamentos. Então, Deus enviou mensageiros, os **profetas**, que lembraram as pessoas da importância de confiar em Deus e não se esquecer de seus mandamentos e de suas promessas. Isaías foi um desses profetas.

Javier Andrada/ID/BR

Deus prometeu enviar um salvador para proteger as pessoas e trazer ao mundo o amor e a paz. Isaías avisou a todos.

O Senhor mesmo dará um sinal a vocês: uma jovem dará à luz um filho, e todos saberão que Deus está com Ele.

Javier Andrada/ID/BR

O povo havia se esquecido de Deus e de sua aliança com Ele, e também de seguir os mandamentos Dele. O profeta Isaías lembrou as pessoas da fé e também denunciou as injustiças que elas cometiam umas contra as outras. Ele também anunciou a todos a chegada do Salvador.

PARA REFLETIR E CONVERSAR

- Qual é a missão dos profetas?
- Do que Isaías lembrou o povo de Deus?
- O que Isaías denunciava?
- De que promessa Isaías avisou as pessoas?

● Releia os balões de fala das cenas: Qual deles você achou mais importante? Por quê?

_____

_____

_____

Os mensageiros de Deus

Em nosso dia a dia, muitas pessoas nos alertam para as coisas que fazemos de forma errada.

Os profetas são mensageiros de Deus

Os mensageiros de Deus nos ajudam de muitas formas:

- Eles nos incentivam a estar atentos para ajudar as pessoas.
- Eles nos convidam a confiar em Deus e seguir os seus mandamentos.
- Eles nos orientam a fazer o bem.
- Eles nos falam de Jesus, que foi enviado por Deus para salvar a humanidade.

Ser mensageiros de Deus

Nós também podemos ser mensageiros de Deus. Para isso, devemos colaborar na construção de um mundo melhor. Como fazer isso?

- Ajudando o próximo.
- Fazendo companhia para quem está só.
- Consolando aqueles que passam por situações difíceis.
- Dialogando respeitosamente com as pessoas.
- Compartilhando com os outros o que temos.
- Contando o que sabemos sobre Jesus.

aldomurillo/iStock/Getty Images

Consolar as pessoas que estão tristes contribui para transformar o mundo em um lugar melhor.

PARA REFLETIR E CONVERSAR

- O que os profetas ensinam às pessoas?
- Como podemos ajudar a construir um mundo que agrade a Deus?
- Em sua opinião, é fácil ser profeta? Converse com os colegas.

1 Descreva o que está acontecendo em cada uma das imagens abaixo.

_____
_____
_____
_____
_____

_____
_____
_____
_____
_____

_____
_____
_____
_____
_____

2 Você acha que as pessoas das imagens estão colaborando para construir um mundo que agrada a Deus? Por quê?

_____
_____
_____
_____

Religiosos denunciam injustiças

Muitos líderes religiosos ao redor do mundo denunciam situações de injustiça que impedem que pessoas possam viver com dignidade.

Desmond Tutu.

Desmond Tutu nasceu na África do Sul, em 1931. Ele é um sacerdote da igreja Anglicana e foi o primeiro arcebispo negro da Cidade do Cabo, uma das capitais da África do Sul.

O sacerdote dedicou sua vida à defesa dos direitos humanos. Em suas mensagens, denunciou e combateu o racismo.

Dalai-lama é o título que se dá ao líder espiritual e religioso do povo tibetano e de milhões de budistas em todo o mundo. **Tenzin Gyatso** é o 14º dalai-lama. Ele incentiva as pessoas a viver em paz e em harmonia umas com as outras. Em 1989, ele recebeu o Prêmio Nobel da Paz.

Tenzin Gyatso, o dalai-lama.

Papa Francisco.

O **papa Francisco** é o líder religioso dos católicos, mas suas opiniões são respeitadas por pessoas de diferentes religiões. Ele escreveu recentemente o livro *Querida Amazônia*, no qual ele nos convida a lutar pelos direitos dos mais pobres e dos povos nativos preservando a riqueza cultural e a biodiversidade da Amazônia.

1. Você acha que o mundo precisa de pessoas como os líderes religiosos apresentados nesta página?

2. Você conhece outros líderes religiosos que agem para tornar o mundo um lugar melhor? Converse com os colegas.

O telejornal do mundo melhor

As pessoas podem ser mensageiras de Deus e denunciar as injustiças que percebem no mundo a sua volta.

Carlitos Pinheiro/ID/BR

① Em grupos com quatro ou cinco integrantes, organizem um telejornal com informações do cotidiano da escola, do bairro ou da cidade.

Sigam o passo a passo:

- No caderno, façam uma lista de temas que consideram importantes para a escola, o bairro ou a cidade. Pensem em situações que precisam ser melhoradas ou problemas que precisam ser resolvidos. Então, escolham um tema para ser noticiado.

Exemplo de tema para notícia:

> Na escola, quando acaba o intervalo, muitos alunos deixam restos de comida nas mesas e jogam papéis no chão.

- Após escolher o tema, escrevam a notícia.

Exemplo de notícia:

> Muitos alunos têm deixado restos de comida nas mesas e papéis jogados no chão da escola após o intervalo. O local acaba ficando muito sujo e desorganizado.

- Ensaiem a apresentação da notícia para a turma. Todos os integrantes do grupo devem participar.
- O telejornal será composto das notícias de todos os grupos da turma. Então, decidam com os colegas dos outros grupos e com o(a) professor(a) quando será a apresentação.
- Se for possível, as apresentações podem ser filmadas.

② Após a apresentação do telejornal, pensem em medidas para solucionar os problemas noticiados.

Exemplo de medidas para solucionar os problemas noticiados:

> Colocar mais cestos de lixo no pátio da escola e espalhar cartazes alertando os alunos sobre a importância de deixar as mesas limpas após o intervalo.

Lutar contra as injustiças do mundo

Várias entidades nacionais e internacionais denunciam as injustiças contra o meio ambiente e contra as pessoas.

O acesso à água

A água é fundamental para a vida. O ser humano precisa beber água potável para se manter vivo. Infelizmente, há muitas pessoas ao redor do mundo que não têm acesso à água limpa.

A **Organização Mundial da Saúde** (OMS) desenvolve programas para ajudar pessoas do mundo inteiro a ter acesso diário à água potável para matar a sede e cozinhar.

Muitas regiões do planeta sofrem com a seca e a falta de água potável. Na foto, lago seco em Cachoeira do Arari, no Pará.

Os direitos humanos

Muitas pessoas são perseguidas ou discriminadas por suas crenças religiosas e políticas ou por sua nacionalidade. Entretanto, há organizações que trabalham combatendo essas atitudes. Um exemplo delas é a **Anistia Internacional**, uma associação muito atuante e presente em vários países.

Ativistas da Anistia Internacional durante protesto no Dia Internacional dos Direitos Humanos em Jacarta, na Indonésia.

A fome

A fome é um dos maiores problemas humanitários dos dias atuais. Em vários países, muitas pessoas sofrem, adoecem e chegam até a morrer de fome. Por outro lado, em outros países há uma quantidade enorme de comida desperdiçada todos os dias.

O Programa Mundial de Alimentos (PMA), ligado à **Organização das Nações Unidas para a Alimentação e a Agricultura** (FAO), trabalha para garantir que pessoas de todo o mundo tenham acesso à alimentação.

Refugiados no Sudão do Sul recebem alimentos distribuídos pelo Programa Mundial de Alimentos (PMA).

Geleira derretendo na Antártica, em razão do aumento da temperatura no planeta.

As mudanças no clima

A exploração exagerada dos recursos naturais pelo ser humano tem provocado, entre outras consequências, aumento da temperatura do planeta, o que causa, por exemplo, degelo nas áreas polares, elevando o nível dos mares. Como consequência, povoados são inundados, o cultivo de alimentos é prejudicado e várias espécies de animais e de plantas desaparecem.

Em 2016, durante o **Acordo de Paris**, mais de 170 líderes mundiais se comprometeram a lutar para conter o aquecimento global.

Em 2019, ocorreu a Conferência do Clima da ONU. Nessa ocasião, líderes de diversos países se reuniram para avaliar os desafios do Acordo de Paris e as dificuldades enfrentadas para cumpri-lo.

• Você acha que pode colaborar para que essas injustiças diminuam? Em uma folha à parte, escreva três ações que você pode adotar para ajudar a reduzir essas desigualdades.

Podemos colaborar para diminuir as injustiças

Muitas vezes, presenciamos alguns comportamentos na escola que não são muito legais. Outras vezes, sem perceber, somos nós que não nos comportamos da melhor maneira.

Você sabe o que é **bullying**? O termo, que vem do inglês *bully*, que significa "valentão", é usado para definir as situações em que um ou mais alunos agridem, verbal ou fisicamente, várias e várias vezes, um ou mais colegas.

Monkey Business Images/Shutterstock.com/ID/BR

1 Descreva, nas linhas abaixo, uma situação de *bullying*.

_____

_____

_____

_____

_____

 2 Troque de livro com um colega e leia a situação descrita por ele. Depois, conversem sobre o que vocês descreveram. O que vocês fariam se estivessem na situação que narraram?

 3 Agora, com toda a classe reunida, promovam uma campanha na escola para prevenir atitudes que caracterizem *bullying*.

Façam cartazes com frases e ilustrações e espalhem esse material pela classe e pelos corredores da escola, para conscientizar todos os colegas a lutar contra essa prática.

Precisamos ter coragem para lutar contra as injustiças

Você já sabe que a água é um patrimônio de todos, entretanto, pessoas no mundo todo sofrem pela falta de água. Você sabia que a energia elétrica também é um bem de todos?

A melhor maneira de evitar o desperdício é começar cuidando de como nós tratamos a água e a luz em nossas casas. Muitas vezes, deixamos a torneira aberta ao escovar os dentes, acendemos as lâmpadas da sala e do quarto e não desligamos depois que saímos do ambiente, entre tantas outras situações.

Para tratar desse assunto tão importante, vamos fazer um debate? Para você, gastar muita água ou muita luz é uma questão de injustiça?

kali9/iStock/Getty Images

 (4) Organizem-se em dois grupos.

- Um dos grupos vai defender a ideia de que a água e a luz desperdiçadas em casa não têm impacto negativo sobre a população em geral e a natureza, não representando, portanto, uma injustiça contra quem precisa desses bens e não os possui.

- O segundo grupo precisará defender a ideia de que a água e a luz desperdiçadas em casa têm impacto negativo sobre a população em geral e a natureza, representando, portanto, uma injustiça contra quem precisa desses bens e não os possui.

 - Prepare-se para o debate, fazendo uma pesquisa em casa para trazer argumentos a favor da ideia que você vai defender.

- O professor será o mediador e vai determinar as regras do debate, para garantir que todos tenham a sua vez de falar.

5 Escolhemos fazer o bem

Há pessoas que se preocupam em melhorar a vida de seus semelhantes. Elas estão atentas ao que se passa à volta delas e contribuem para que o mundo seja um lugar melhor.

PARA REFLETIR E CONVERSAR

- Que lugar está representado na cena ao lado?
- O que as pessoas representadas estão fazendo?
- Há alguém na cena atento ao que acontece com as outras pessoas?

1 Em dupla, observem as imagens desta página e respondam:

Goriov-KV/Shutterstock.com/ID/BR

FangXiaNuo/iStock/Getty Images

Victor Goularte/ID/BR

- Como as pessoas estão ajudando umas às outras?

2 Como vocês acham que seria o mundo se as pessoas só cuidassem de si mesmas, sem se preocupar com os outros?

Jesus sempre escolheu fazer o bem

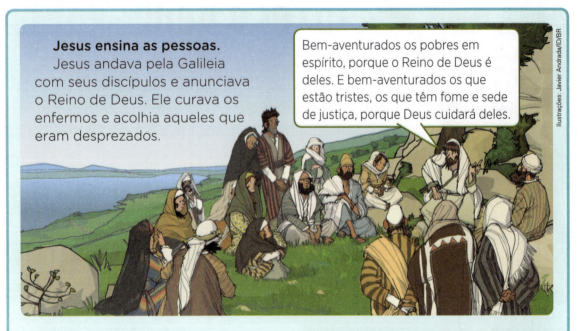

Jesus ensina as pessoas.

Jesus andava pela Galileia com seus discípulos e anunciava o Reino de Deus. Ele curava os enfermos e acolhia aqueles que eram desprezados.

Bem-aventurados os pobres em espírito, porque o Reino de Deus é deles. E bem-aventurados os que estão tristes, os que têm fome e sede de justiça, porque Deus cuidará deles.

Ilustrações: Javier Andrada/ID/BR

Jesus cura as pessoas.

Certo dia, Jesus estava saindo da cidade de Jericó e sentado no caminho estava Bartimeu, um homem cego.

Bartimeu, ao saber que Jesus passava por ali, gritou por Ele.

Jesus se aproximou e Bartimeu disse:

– Eu quero enxergar!

– Por ter confiado em mim, que se cumpra o seu desejo – disse Jesus.

E, no mesmo instante, Bartimeu recuperou a visão.

Jesus acolhe as pessoas.

Certo dia, em uma cidade chamada Tiro, uma mulher lançou-se aos pés de Jesus.

A mulher pediu a Ele que ajudasse sua filha, que estava muito atormentada.

Essa mulher não pertencia ao povo de Deus, mas Jesus a acolheu com respeito e amor e curou a filha dela.

Jesus perdoa as pessoas.

Zaqueu trabalhava como arrecadador de impostos em Jericó. Certo dia, ele soube que Jesus estava nessa cidade e foi ao encontro Dele para se confessar.

Uma multidão seguia Jesus, e Zaqueu resolveu subir em uma árvore para avistá-lo.

Jesus viu o esforço de Zaqueu para encontrá-lo e pediu que descesse da árvore.

Então, Zaqueu confessou a Jesus que já havia enganado algumas pessoas, mas estava arrependido e prometeu que devolveria o dinheiro às pessoas que prejudicou.

Jesus perdoou os pecados de Zaqueu.

Jesus dedicou sua vida a fazer o bem aos outros: estava atento aos problemas das pessoas, curava seus males e enfermidades e perdoava seus pecados. Ele estava sempre pronto a acolher e a ensinar a todos.

PARA REFLETIR E CONVERSAR

- Como você acha que as pessoas se sentiam depois de se encontrar com Jesus? Conte aos colegas.

● Complete a tabela com as informações dos relatos bíblicos. Veja um exemplo.

Personagem	Problema	Atitude de Jesus
Bartimeu	Não conseguia enxergar.	Jesus curou Bartimeu.
	A filha dela estava atormentada.	
	Prejudicou algumas pessoas.	

Seguindo o exemplo de Jesus

As pessoas são livres para escolher como agir nas situações do dia a dia. Para os cristãos, Jesus é o modelo a ser seguido.

Valorizar as pessoas é imitar Jesus.

Jesus nos ensina a fazer o bem

Se nos inspirarmos nas atitudes de Jesus Cristo e nos relacionarmos com as pessoas como Ele se relacionava, estaremos escolhendo fazer o bem, como Ele fazia.

Quando nos concentramos em Jesus para decidir como agir diante das situações do cotidiano, permitimos que Deus guie a nossa vida.

Todos podem fazer o bem

Muitas pessoas oferecem ajuda e acolhimento aos necessitados. Essas pessoas querem um mundo melhor, onde todos se sintam respeitados, assistidos e aceitos.

Valorizar as pessoas que nos rodeiam, recepcionar as pessoas com um sorriso, perdoar, ajudar, compartilhar o que temos e consolar os que estão sozinhos ou tristes são pequenas ações que podem melhorar o mundo.

A lavanderia do papa Francisco é um serviço oferecido pela Igreja católica em Roma, na Itália, para que pessoas sem teto possam lavar gratuitamente suas roupas.

A comunidade cristã

Aqueles que creem em Jesus Cristo devem acolher o próximo.

A Igreja católica está aberta a todas as pessoas, especialmente àquelas que necessitam de ajuda.

PARA REFLETIR E CONVERSAR

- Como você pode se espelhar em Jesus em seu dia a dia?
- A Igreja católica acolhe apenas os cristãos?

1 Descreva o que está acontecendo em cada uma das imagens abaixo.

A

_____

_____

_____

_____

B

_____

_____

_____

Ilustrações: Carlitos Pinheiro/ID/BR

- Você agiria de forma diferente em alguma das imagens? Converse com os colegas.

2 Ligue a pergunta às frases que representam como você quer se relacionar com as pessoas a sua volta.

Como você quer tratar as pessoas?

De acordo com o meu humor.

Como elas me tratarem.

Da forma como eu gostaria que elas me tratassem.

Como Jesus nos ensinou a tratar as pessoas.

Agir em benefício do próximo

Algumas pessoas, movidas por suas crenças e por sua fé, criaram organizações com o objetivo de ajudar outras pessoas.

Crianças brincando na quadra da Fundação Fé e Alegria, em Mauá, São Paulo.

José María Vélaz foi um padre chileno que acreditava na educação como forma de ajudar as pessoas, principalmente as menos favorecidas. Com base nessa ideia, ele criou a **Fundação Fé e Alegria**. No Brasil, a Fundação começou em 1981, com uma pequena creche em Mauá, São Paulo. Hoje, atende mais de 13 mil pessoas, proporcionando educação a crianças, jovens e adultos em situação de vulnerabilidade social. No mundo, atende 1,5 milhão de pessoas em mais de vinte países.

A **Risho Kossei-kai** é uma entidade budista fundada no Japão, em 1938, por Nikkyo Niwano e Myoko Naganuma. Seus integrantes realizam várias ações em favor do próximo. Uma das ações mais conhecidas é o **Movimento doe uma refeição**. Os participantes renunciam a uma refeição nos dias 1º e 15 de cada mês e doam o valor dessas refeições a um fundo pela paz. Todo ano, com o dinheiro arrecadado, são apoiados projetos contra a fome e a pobreza em vários lugares do mundo.

Integrantes da Risho Kossei-kai do Brasil doando alimentos no município de São Paulo.

① O que essas duas organizações têm em comum?

_____

② Você gostaria de ser voluntário em alguma dessas organizações? Por quê? Conte aos colegas.

Artesãos do bem

O povo indígena Ojibwa, que vivia na América do Norte, acreditava que, durante a noite, o ar se enchia de sonhos que traziam mensagens sobre a natureza, o Universo e a vida. Para filtrar os sonhos bons e manter os sonhos ruins afastados, os Ojibwa penduravam um **filtro dos sonhos** perto do lugar onde dormiam.

Caritos Pinheiro/ID/BR

Siga o passo a passo e crie um filtro dos sonhos para você.

Você vai precisar de:

- uma argola de madeira (ou um bastidor de crochê) com 12 centímetros de diâmetro
- cordão de lã (ou barbante) com 120 cm de comprimento
- fitas coloridas de vários tamanhos
- miçangas e penas sintéticas

Passo 1: Amarre o cordão de lã em um dos lados da argola.

Passo 2: Leve o cordão de lã até o outro lado da argola, dando uma volta.

Passo 3: Leve-o para o outro lado e dê outra volta.

Passo 4: Repita o passo 3 até a argola ficar toda trançada. Amarre bem a última ponta.

Passo 5: Crie penduricalhos como preferir, usando as fitas, as miçangas e as penas sintéticas. Amarre-os na argola.

Passo 6: Amarre um pedaço de fita ou de barbante na argola, para pendurar o filtro dos sonhos onde quiser.

- Em casa, mostre seu filtro dos sonhos aos seus familiares e explique a eles o significado desse símbolo do bem.

Fotografias: Sérgio Dotta Jr./ID/BR

Guiar-se pelo bem

Muitas pessoas dedicam seu tempo e esforço para tentar diminuir as injustiças do mundo.

Os **missionários** e as **missionárias marianistas** estão espalhados por muitos países. Eles vivem nas comunidades às quais ajudam, levando a mensagem de Jesus e dedicando-se a melhorar a vida das pessoas.

Na Índia, os marianistas atuam na cidade de Ranchi, onde desde 2009 apoiam a criação de um centro de saúde para atender crianças e adultos que vivem no campo. O centro atende, hoje, 28 povoados e mais de 900 crianças.

No Brasil, os marianistas atuam em obras missionárias, ajudando a melhorar a vida de pessoas marginalizadas pela sociedade.

Os missionários marianistas atuam no cuidado com a saúde de crianças na cidade de Ranchi, na Índia.

Mametu Nangetu é uma sacerdotisa de candomblé congo--angolano, fundadora do terreiro Manso Massumbando KeKe Neta e coordenadora do Instituto Nangetu de Tradição Afro-Religiosa e Desenvolvimento Social, ambos localizados em Belém (PA). Por sua atuação, é considerada um símbolo de luta e resistência negra. O instituto que ela lidera atua na valorização das culturas negras e promove projetos artísticos que contribuam para a luta contra a discriminação e o preconceito.

Trata-se de um compromisso assumido por Nangetu e sua comunidade para mostrar às pessoas que não praticam o candomblé que os terreiros são espaços acolhedores muito importantes para a manutenção das culturas afro-brasileiras.

Paulo Freire, educador brasileiro, em foto de 1994.

Paulo Freire (1921-1997) foi um educador e filósofo pernambucano. Ele lutou para que todos tivessem direito e acesso à educação básica. Paulo Freire defendia que a educação deveria valorizar as experiências e a realidade dos alunos, principalmente nas salas de alfabetização de adultos.

Por seu trabalho na área da educação, foi premiado no Brasil e no exterior e é considerado Patrono da Educação Brasileira.

Pedro Alonso é um cientista espanhol que dedica sua vida a investigar a malária, uma das doenças que mais matam entre os mais pobres. A doença é transmitida pela picada de um mosquito. Todos os anos, mais de 500 mil pessoas, principalmente crianças, morrem em decorrência da malária.

Pedro Alonso, cientista espanhol.

Pedro Alonso demonstrou que algo simples e barato, como um mosquiteiro impregnado de inseticida, pode salvar muitas vidas. Além disso, o cientista é diretor do programa de malária da Organização Mundial da Saúde (OMS) e, em 2019, deu início a um programa-piloto de vacinação contra a doença.

1. Sublinhe no texto o que cada pessoa decidiu fazer para ajudar o próximo.

2. Em sua opinião, essas pessoas melhoraram o mundo em que vivemos? Por quê? Conte aos colegas.

Agir corretamente é fazer o bem

1 Observe as duas tiras abaixo.

a. Qual é a diferença entre a tira **A** e a tira **B**?

_____

_____

b. Em sua opinião, o aluno agiu de forma correta na tira **A** ou na **B**? Por quê?

_____

_____

_____

c. Se você estivesse no lugar do aluno, o que teria feito?

_____

_____

_____

  2 Converse com os colegas sobre o que responderam no item **c** da atividade anterior. Justifiquem a resposta.

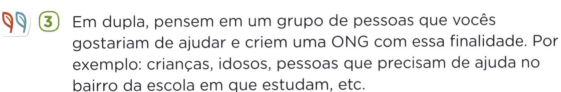

As pessoas se unem para fazer o bem

Há muitas pessoas que se juntam para ajudar aquelas que mais necessitam. Outras unem forças e formam organizações não governamentais (ONGs) para ajudar voluntariamente um grupo de pessoas.

 ③ Em dupla, pensem em um grupo de pessoas que vocês gostariam de ajudar e criem uma ONG com essa finalidade. Por exemplo: crianças, idosos, pessoas que precisam de ajuda no bairro da escola em que estudam, etc.

Nome da ONG: _____

• Qual é o público-alvo das atividades da ONG?

_____

_____

• Qual é a missão da ONG? (o motivo da sua existência)

_____

_____

• Que atividades a ONG vai realizar com as pessoas?

_____

_____

_____

• Qual será o logotipo da organização? Desenhe-o no espaço abaixo.
Logotipo: Símbolo que identifica a ONG.

 ④ Apresentem a proposta da ONG à turma.

 ⑤ Em casa, mostre à sua família a ONG que você e o colega de dupla criaram.

Victor Goularte/ID/BR

6 Escolhemos a amizade

A amizade é uma das melhores experiências de convivência entre as pessoas. Encontrar amigos é sempre uma grande alegria. O que faríamos sem eles?

PARA REFLETIR E CONVERSAR

- Observe a cena ao lado. Onde as crianças estão?
- Você acha que as crianças representadas são amigas? Por quê?
- Como você imagina que as crianças da cena estão se sentindo?

1 Escolha três amigas ou amigos e complete a tabela com as informações sobre eles.

Nome	O que você gosta de fazer quando está com eles?

2 Como você se sente quando está entre seus amigos?

3 Converse com os colegas: Qual a importância dos seus amigos em seu dia a dia?

Jesus e os 12 amigos

Jesus escolheu um grupo de 12 amigos, os quais chamou de apóstolos.

Os apóstolos responderam ao chamado de Jesus, compartilharam o que tinham com Ele e estavam sempre unidos.

Jesus ensinava aos apóstolos o amor a Deus e ao próximo. Entre eles, Jesus escolheu Pedro para liderar o grupo.

Sigam-me!

Pedro, você é a pedra sobre a qual vou construir a minha Igreja.

Eu, Senhor?

Ilustrações: Javier Andrada/ID/BR

Os apóstolos ficaram muito tristes com a morte de Jesus, mas foram testemunhas da ressurreição Dele e a anunciaram por todo o mundo, como Jesus pediu.

Jesus prometeu aos seus amigos apóstolos que nunca os abandonaria.

Sigam pelo mundo inteiro, anunciem o Evangelho e batizem as pessoas.

Então, no dia de Pentecostes, os apóstolos receberam o Espírito Santo.

A partir desse dia, eles começaram a dar testemunho de Jesus.

Os apóstolos anunciavam as boas-novas de Jesus e convidavam as pessoas para serem batizadas. Assim foi se formando a comunidade cristã.

Os cristãos compartilhavam o que tinham e viviam unidos na fé em Jesus. Eles se reuniam nas casas para ouvir os ensinamentos dos apóstolos, orar juntos e celebrar a ceia.

> Eu te batizo em nome do Pai, do Filho e do Espírito Santo.

Ilustrações: Javier Andrada/ID/BR

Os apóstolos escolhidos por Cristo levaram adiante a missão para a qual Jesus os havia chamado: a implantação da primeira comunidade cristã, a Igreja.

PARA REFLETIR E CONVERSAR

- Quem eram os apóstolos?
- Qual apóstolo Jesus escolheu para liderar o grupo?
- O que Jesus pediu aos apóstolos?
- Como se formou a comunidade cristã?

- Como viviam os primeiros cristãos? O que faziam? Complete o quadro.

Os primeiros cristãos...

A comunidade cristã

Quando as pessoas estão unidas por um bem comum, elas somam forças. Em comunidade, podemos ajudar uns aos outros.

Os cristãos se unem para viver a fé. Todos os cristãos do mundo fazem parte de uma grande comunidade chamada **Igreja**. Os cristãos católicos integram a Igreja católica, dirigida pelo papa.

A Igreja cumpre a missão que Jesus deu aos apóstolos: propagar as boas-novas e o amor de Deus. Essa missão é responsabilidade de todos os cristãos.

Os cristãos católicos de determinado lugar se reúnem em comunidades chamadas **paróquias**.

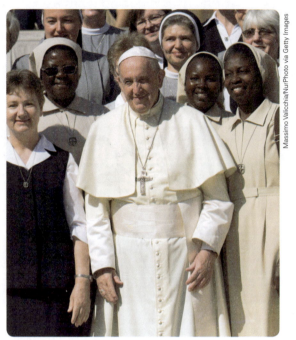

Papa Francisco e freiras no Vaticano.

Como uma pessoa pode fazer parte da Igreja católica?

Todas as pessoas podem pertencer à Igreja católica pelo Batismo.

Dentro da Igreja, as pessoas podem integrar três diferentes grupos:

- **os leigos:** vivem como discípulos de Jesus e são a maioria dos cristãos. Participam da Eucaristia e da catequese, atendem aos necessitados, entre outras atividades;

- **os sacerdotes:** homens cristãos aos quais a Igreja dá a missão de pregar a Palavra de Deus e realizar o culto divino. Entre eles estão os padres, os bispos, os cardeais e o papa;

- **as religiosas e os religiosos:** mulheres e homens que renunciam a tudo para seguir Jesus. Compartilham o que têm e vivem em comunidade, com simplicidade e humildade. Entre eles estão as freiras, os monges e os frades.

PARA REFLETIR E CONVERSAR

- Quais grupos de cristãos integram a Igreja católica?
- Como é chamada a comunidade onde os cristãos de determinado lugar se reúnem?

① Quais membros da Igreja católica aparecem representados nas imagens abaixo?

② **Paróquia** é a comunidade formada pelos cristãos católicos de um mesmo lugar e é atendida por um sacerdote. Com a ajuda de seus familiares, pesquise sobre a paróquia que você frequenta ou sobre a paróquia do bairro em que você mora. Em uma folha à parte, reproduza a ficha abaixo e leve-a para a classe em um dia combinado com o(a) professor(a).

Nome da paróquia: _____

Nome do sacerdote responsável por ela: _____

Atividades que realiza: _____

- Faça um desenho ou cole uma fotografia da paróquia de sua comunidade.

O ecumenismo

O **ecumenismo** é um movimento favorável à união de todas as igrejas cristãs.

A vontade de Jesus era que todos seus seguidores formassem uma única comunidade, mas eles não permaneceram unidos. Ao longo dos anos, surgiram divisões e separações na comunidade cristã.

Como consequência, há atualmente três grandes famílias cristãs: a católica, a ortodoxa e a evangélica ou reformada.

Então, no início do século XX, para tentar recuperar a unidade cristã, surgiu o movimento ecumênico, que propõe a união de todas as pessoas que compartilham a fé em Jesus.

Missa em paróquia católica em Tóquio, no Japão.

Missa em igreja católica ortodoxa em Gaza, na Palestina.

Culto em igreja evangélica no município de São Paulo.

● Converse com os colegas: O movimento ecumênico é importante? Por quê?

Decifrando mensagens de bem

As imagens abaixo são símbolos usados pelos Guarani em suas pinturas corporais. Reunir-se para fazer essas pinturas é uma característica da comunidade Guarani.

Carlitos Pinheiro/ID/BR

1. Considere que cada símbolo guarani representa uma letra do alfabeto. Com base no primeiro quadro, complete a mensagem do grande educador brasileiro Paulo Freire no segundo quadro.

A	N	S	E	O	D	P	U	B

C	I	M	H	R	V	T	G	Á

Ilustrações: ID/BR

PARANÁ. Secretaria de Estado de Educação. Superintendência da Educação. Departamento da Diversidade. Coordenação Escolar Indígena. SEED-PR, 2010.

"Eu gostaria de ser lembrado como alguém que amou...

2. Forme dupla com um colega. Cada um deve escrever uma mensagem do bem usando os símbolos guaranis da atividade anterior. Se faltar símbolos que representem alguma letra, vocês podem criá-los. Depois, troque o caderno com o colega para que decifrem a mensagem um do outro.

APRENDENDO MAIS

Unidos somos mais fortes

Cada vez mais pessoas, organizações e países descobrem a importância da cooperação. Quando estamos unidos, encontramos soluções para os problemas e somamos forças para lutar pelo bem-estar de todos. Veja alguns exemplos.

A **Grande Muralha Verde da África** é o nome de um projeto que visa minimizar os efeitos da mudança climática na África.

Desde 2007, milhões de árvores têm sido plantadas para formar uma muralha que vai cruzar a África de leste a oeste. O objetivo é frear o avanço da areia do deserto sobre as terras de cultivo das comunidades que vivem nesses territórios. As terras que são recuperadas podem ser usadas para produzir alimentos, evitando a fome nesses locais.

Um dos países mais envolvidos nesse projeto é o Senegal, que já plantou em seu território mais de 11 milhões de árvores.

Mulher e crianças sudanesas plantando mudas de árvores para colaborar com a Grande Muralha Verde da África.

O **Dia Mundial de Oração e Ação pela Criança** é uma iniciativa promovida pela Rede Global de Religiões desde 2008. Celebrado no dia 20 de novembro, o projeto alerta as pessoas sobre os direitos das crianças e dos adolescentes e discute soluções para os problemas que afetam a infância e a adolescência.

No dia da celebração, adultos e crianças de várias religiões se encontram para louvar a vida, realizar orações pelas crianças do mundo e refletir sobre as formas de garantir a proteção e o bem-estar infantil.

Crianças cristãs e muçulmanas em evento do Dia Mundial de Oração e Ação pela Criança, em Amã, na Jordânia.

O **Fórum Social Mundial** é um grande evento que reúne pessoas de grupos e organizações sociais para discutir soluções para os diferentes problemas do mundo, como a pobreza e o desrespeito aos direitos humanos. O fórum já aconteceu em países como Índia, Quênia e Senegal. O primeiro fórum foi realizado em 2001, na cidade de Porto Alegre, capital do estado do Rio Grande do Sul. Em 2020, o fórum aconteceu novamente em Porto Alegre e tratou de temas como a população idosa, as pessoas com deficiência e as diversidades.

 ① Os projetos descritos nesta página poderiam ser executados sem a cooperação de muitas pessoas? Por quê? Converse com os colegas.

② Em sua opinião, você e os colegas da escola poderiam se juntar para ajudar em alguma situação na escola ou no bairro?

Cultivar o respeito pelas pessoas de todas as religiões

1 Com base nas dicas, descubra as palavras-chaves e complete a cruzadinha.

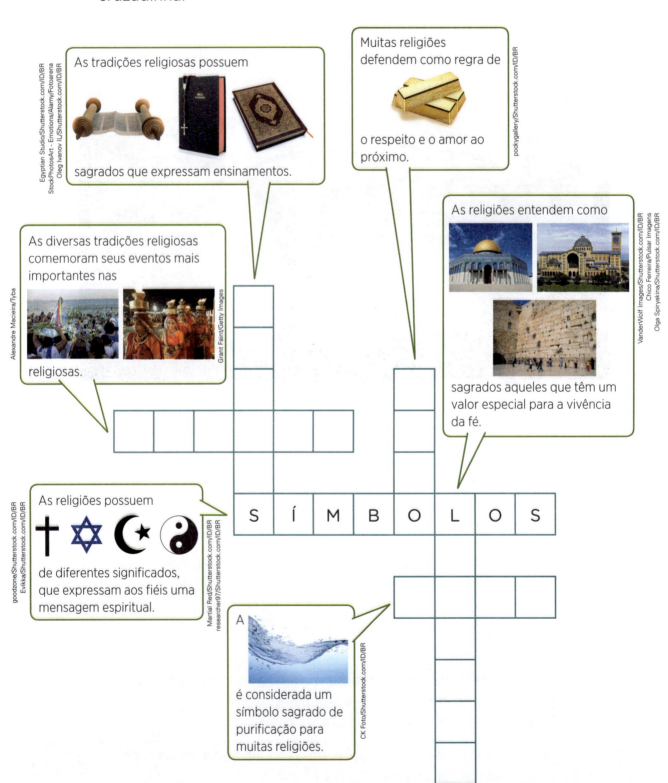

As tradições religiosas possuem sagrados que expressam ensinamentos.

Muitas religiões defendem como regra de o respeito e o amor ao próximo.

As diversas tradições religiosas comemoram seus eventos mais importantes nas religiosas.

As religiões entendem como sagrados aqueles que têm um valor especial para a vivência da fé.

As religiões possuem de diferentes significados, que expressam aos fiéis uma mensagem espiritual.

S Í M B O L O S

A é considerada um símbolo sagrado de purificação para muitas religiões.

Respeitar as religiões é cooperar para o bem

2 Imagine que você foi escolhido para discursar na abertura de um encontro inter-religioso chamado **Pela Amizade e Paz no Mundo e entre as Religiões**.

- Em seu discurso, o que você falaria sobre o respeito às diversas religiões?

Autoridades, líderes religiosos, senhoras e senhores do Brasil, _____

_____

_____

_____

_____

_____

_____

_____

_____

_____

_____

_____

_____

_____

_____

_____

 3 Em dupla, conversem sobre a importância do respeito entre as pessoas de todas as religiões.

Os seringueiros são trabalhadores que vivem da extração do látex de seringueiras. O látex é um líquido branco utilizado na fabricação da borracha. Essa atividade extrativista acontece principalmente na floresta Amazônica.

Historicamente, os seringueiros organizam seu trabalho de maneira coletiva e sustentável. O empenho desses trabalhadores em manter o seu modo de vida tradicional resultou na demarcação, por parte do governo, de diversas reservas extrativistas, nas quais os seringueiros puderam se organizar em comunidades, com escolas, luz elétrica e serviços de saúde, e viver da extração do látex e da agricultura.

Uma dessas reservas, fundada em 1990, recebeu o nome de Reserva Extrativista Chico Mendes, em homenagem ao líder seringueiro morto dois anos antes, em 1988. Chico Mendes foi seringueiro, sindicalista e ativista político e ambiental e lutou pela defesa de seu povo e da floresta Amazônica.

Além de trabalhar na extração do látex, as comunidades seringueiras tradicionalmente coletam castanhas e frutas que, em muitos casos, são vendidas para a indústria alimentícia. Essas comunidades também dedicam-se à agricultura de subsistência, geralmente orgânica, e à criação de animais.

Todas as manhãs, eu percorro alguns quilômetros, indo de pé em pé de seringueira para fazer as linhas nas árvores por onde o látex vai escorrer. À tarde, volto para recolher o que foi extraído. Depois eu junto e prenso para retirar a água e obter a matéria-prima.

Nos últimos anos, a atividade pecuária tem se intensificado na Região Norte, o que causa aumento no nível do desmatamento da floresta Amazônica. O avanço da exploração da mineração e a construção de hidrelétricas também colocam em risco a sobrevivência dos seringueiros e dos povos que vivem na floresta. Mas os movimentos seringueiros mantêm-se organizados e procuram defender e preservar seus modos de vida.

Nós, os seringueiros, temos de defender a floresta, pois dependemos dela para sobreviver.

Muitas das atuais comunidades seringueiras da Amazônia são originárias da Região Nordeste. Por isso, é comum o povo seringueiro gostar de festas e de ritmos musicais típicos dessa região. Um dos ritmos que eles mais gostam de dançar em suas comemorações é o forró.

> Nossas devoções são testemunhos de fé na floresta.

Ilustrações: Cris Eich/ID/BR

> Na densa floresta vai um caminheiro, Cristo Seringueiro, seringa cortar. E corta seguro a mão calejada da planta amada faz vida nascer.

Essas comunidades também valorizam a religiosidade dos demais povos tradicionais da Amazônia, bem como a religiosidade do catolicismo popular do Nordeste. O povo seringueiro cultua e festeja, por exemplo, o Cristo dos Seringueiros, a Santa Maria da Liberdade, o São João do Guarani, o São Raimundo do Rio Branco, a Santa Raimunda do Bom Sucesso e muitos outros santos.

Atividades

 1 Em casa, com a ajuda de seus familiares, faça uma pesquisa na internet, em livros e em revistas sobre uma das devoções religiosas populares dos seringueiros. Depois, em uma folha à parte, escreva o nome da tradição que você pesquisou, anote três informações sobre ela e faça um desenho que a represente.

 2 Em classe, compartilhe com os colegas as informações que você encontrou em sua pesquisa e mostre a todos o desenho que você fez.

 3 Complete as lacunas substituindo cada árvore pela letra correspondente para decifrar a frase de Chico Mendes, que foi um grande ambientalista brasileiro. Depois, converse com os colegas sobre o significado da frase.

Ilustrações: GraphicsRF/Shutterstock.com/ID/BR

Antonio Scorza/AFP

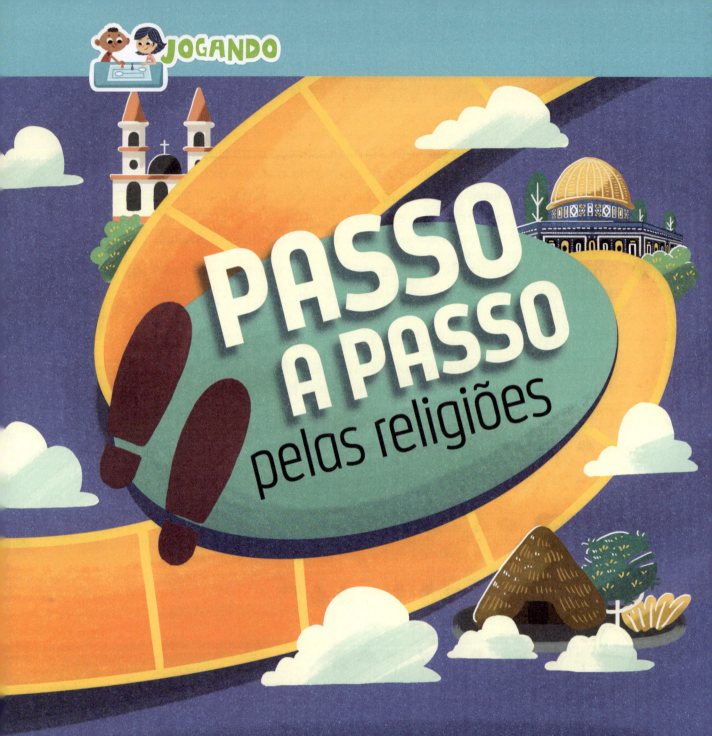

PASSO A PASSO
pelas religiões

Neste jogo, você vai percorrer uma trilha para rever algumas características da diversidade religiosa no Brasil e no mundo. O "Passo a passo pelas religiões" é um jogo que nos convida a conhecer como outras pessoas vivem suas crenças e respeitá-las. Vamos lá!

Do que você precisa para jogar

- Um dado.
- 3 peões.
- 12 cartas recortáveis das páginas 89 e 91.

Número de jogadores

2 a 3 jogadores.

Regras do jogo

1 Recorte as cartas das páginas 89 e 91. Faça um monte com elas e deixe-as viradas para baixo.

2 Cada participante joga o dado uma vez para decidir quem começa. Aquele que tirar o menor número inicia a partida.

Ilustrações: Victor Beuren/ID/BR

3 O jogador que inicia a partida deve lançar o dado e andar com o peão, no tabuleiro, o número de casas indicado.

4 Quando chegar à casa indicada, deve ler a orientação escrita nela e fazer o que se pede. Se a indicação pedir que **avance**, **retorne** ou **passe a vez**, o jogador deve fazer isso uma única vez e, em seguida, dar a vez ao colega.

5 Se o jogador cair na casa **Adivinhe a religião**, deve pegar uma carta do monte, observar a imagem e ler em silêncio o nome da religião representada. Depois, sem mostrá-la aos colegas, o jogador deve falar características da tradição religiosa representada e descrever aspectos presentes na imagem. Quem acertar o nome da tradição religiosa anda uma casa. Caso nenhum jogador acerte, o que estava com a carta na mão volta uma casa.

6 Quem chegar primeiro ao fim da trilha é o vencedor.

PASSO A PASSO
pelas religiões

1 Você ganhou uma passagem para o Santuário Nacional de Nossa Senhora Aparecida, em Aparecida (SP). **AVANCE ATÉ A CASA 4.**

2 Você encontrou uma imagem do símbolo do *yin-yang*. **AVANCE ATÉ A CASA 6 E PERGUNTE NO TEMPLO TAOISTA O SIGNIFICADO DESSE SÍMBOLO.**

3 Adivinhe a religião.

4 Você chegou ao Santuário de Nossa Senhora Aparecida, mas esqueceu a sua câmera fotográfica. **VOLTE AO INÍCIO DO JOGO.**

5 Você encontrou alguns atabaques. Leve-os ao ritual do candomblé. **AVANCE ATÉ A CASA 8.**

6 Você chegou ao templo taoista em Macau, na China. Os fiéis o(a) convidaram a participar de um estudo da filosofia do taoismo. **PASSE A VEZ E PARTICIPE DO ESTUDO.**

7 Adivinhe a religião.

8 Onde estão os atabaques para o ritual do candomblé? **PASSE A VEZ E ASSISTA AO RITUAL.**

9 Você está em Salvador (BA) e foi convidado(a) a participar da festa de Iemanjá. **PASSE A VEZ PARA PARTICIPAR DA FESTA.**

10 O(a) professor(a) falou na aula de Ensino Religioso sobre a festa da Páscoa e pediu que fizesse uma pesquisa sobre a sinagoga da cidade onde você vive. **AVANCE ATÉ A CASA 13 E VISITE O RABINO NA SINAGOGA.**

11 Adivinhe a religião.

12 Você se encontrou com o papa Francisco. Ele o(a) convidou a visitar o Vaticano. **PASSE A VEZ E APROVEITE A VISITA.**

13 Você chegou à sinagoga Kahal Zur Israel, em Recife (PE). **APROVEITE E CONHEÇA A HISTÓRIA DESSA SINAGOGA.**

14 Você ganhou uma passagem para viajar a Jerusalém e fazer turismo religioso. **AVANCE ATÉ A CASA 18.**

15 Você chegou a Foz do Iguaçu (PR) e poderá visitar a mesquita Omar Ibn Al-Khatab. **PASSE A VEZ E APROVEITE A OPORTUNIDADE.**

16 Adivinhe a religião.

Você chegou à cidade de Belém (PA) e estão acontecendo as festas do Círio de Nazaré.

APROVEITE A OPORTUNIDADE E PARTICIPE.

Dea e Bruno/Shutterstock.com/ID/BR

29

Diego Grandi/Shutterstock.com/ID/BR

Você está em um templo budista e foi convidado(a) a meditar.

PASSE A VEZ E PRATIQUE MEDITAÇÃO.

30

FIM

Monkey Business Images/Shutterstock.com/ID/BR

28

Você foi convidado(a) a participar do projeto solidário de um centro espírita.

ACEITE O CONVITE E PARTICIPE.

27

Sua mãe quer viajar a Nova Délhi, na Índia, para conhecer o Templo de Lótus, uma casa de adoração *Bahá'í*.

PASSE A VEZ PARA ORGANIZAR AS MALAS PARA A VIAGEM.

Media_works/Shutterstock.com/ID/BR

26

Adivinhe a religião.

hikrcn/Shutterstock.com/ID/BR

Marcos Amend/Pulsar Imagens

Cheryl Ramalho/Shutterstock.com/ID/BR

Você chegou ao rio Ganges, na Índia, e foi convidado(a) a participar de um ritual hinduísta de purificação.

PASSE A VEZ E PARTICIPE DO RITUAL.

24

Você está na cidade de Meca, na Arábia Saudita, e foi convidado(a) a participar da peregrinação.

APROVEITE ESSA OPORTUNIDADE E PARTICIPE COM OS PEREGRINOS.

25

Você chegou à comunidade indígena, mas esqueceu o maracá.

PASSE A VEZ E ASSISTA AO RITUAL.

23

22

Você está no Rio de Janeiro (RJ), perto do Cristo Redentor.

PASSE A VEZ E VISITE O MONUMENTO.

yu-jas/Shutterstock.com/ID/BR

21

Adivinhe a religião.

20

Você encontrou um maracá. Leve-o até uma comunidade indígena para utilizá-lo em um ritual.

AVANCE ATÉ A CASA 23.

santega rental/Shutterstock.com/ID/BR

Amir Bajric/Shutterstock.com/ID/BR

Você está lendo uma versão do Alcorão escrita em português e ficou com algumas dúvidas.

RETORNE À CASA 15 E VISITE A MESQUITA DE FOZ DE IGUAÇU PARA TIRAR SUAS DÚVIDAS.

Cortvn/Shutterstock.com/ID/BR

Você chegou ao templo budista de Jokhang, no Tibete. Os monges convidaram você a participar da cerimônia do chá.

PASSE A VEZ E CONHEÇA ESSA TRADIÇÃO DOS MONGES.

17

Bas van den Heuvel/Shutterstock.com/ID/BR

Você chegou a Jerusalém.

PASSE A VEZ E CONHEÇA OS LUGARES SAGRADOS DA CIDADE.

18

19

Livros

O príncipe feliz, de Maisie Paradise Shearring. Tradução de Adilson Miguel. Edições SM.

Em uma cidade, há uma bonita estátua dourada de um príncipe feliz. Mas a estátua, na verdade, está infeliz diante das desigualdades que observa do alto de sua coluna. Eis que, um dia, chega uma andorinha, e desse inusitado encontro nasce uma tocante história de amor e solidariedade. Adaptação do conto homônimo de Oscar Wilde.

O guarda-chuva verde, de Yun Dong-jae. Tradução de Yun Jung Im. Edições SM.

Young-i vai a pé para a escola, em uma manhã de chuva. No caminho, encontra um morador de rua que dorme sentado em meio ao temporal. Algumas crianças zombam dele, mas a menina se enternece e, em um gesto singelo, dá uma lição de solidariedade e afeto.

Plantando as árvores do Quênia, de Claire A. Nivola. Tradução de Isa Mesquita. Edições SM.

Narração da história de Wangari Maathai, fundadora do Movimento Cinturão Verde, e de sua contribuição ao desenvolvimento sustentável.

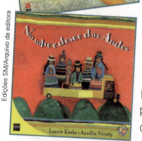

No sobe e desce dos Andes, de Laurie Krebs. Tradução de Cláudia Ribeiro Mesquita e Heitor Ferraz Melo. Edições SM.

Crianças chegam de todos os lados da cordilheira dos Andes. Vêm de perto, de longe, chegam de mula, de barco e de ônibus. Todas estão indo para Cuzco, no Peru, para participar do grande festival inca *Inti Raymi*, que celebra o deus Sol.

Filme

O príncipe do Egito. Direção de Steve Hickner, Simon Wells e Brenda Chapman. EUA, 1998 (99 min).

A animação é uma adaptação do livro do Êxodo, que conta a história de Moisés. Criado como príncipe do Egito, ele busca suas origens e guia seu povo à Terra Prometida.

Vídeos

Comida que alimenta. Disponível em: https://www.youtube.com/watch?v=z6xAkNPV3QI. Acesso em: 9 abr. 2020.

Animação do Centro Sabiá na qual a personagem descobre a importância das feiras agroecológicas e as diferenças entre comprar frutas e verduras em grandes supermercados e comprar de quem produz nosso alimento.

RECORTÁVEIS

Jogando
Página 84

CATOLICISMO

XINTOÍSMO

Ilustrações: Victor Beuren/ID/BR

BUDISMO

CANDOMBLÉ

JUDAÍSMO

HINDUÍSMO

RECORTÁVEIS

INDÍGENAS (GUARANI)

INDÍGENAS (MUNDURUKU)

Ilustrações: Victor Beuren/ID/BR

CRISTIANISMO

ESPIRITISMO

ISLAMISMO

UMBANDA